後生の一大事

宮城 顗 著

法藏館

はじめに

先日、朝日新聞に「日本人の死生観を問う」という見出しで、恩地日出夫監督の作品「蕨《わらび》野《の》行《こう》」の紹介が載っていました。「還暦を過ぎた男女を原野に移住させ、飢饉にそなえた口減らしとする——江戸末期にあった東北地方の棄老伝説に想を得」、「自分の意志で野に下ったジジババの姿を通して、無理に老人を生かしておくのが可能となった現代の不自然な死生観を、見つめ直してみたい」という意図をもって作られた映画だという。

その記事の中で、出演者の一人、市原悦子の言葉が印象に残りました。「死を受け入れるということは、死ぬまできちんと生きるってことなのよね」と。

「お前の後生の一大事はどうなっている」と互いに促しあいながら、謙虚に、そして根強く「死ぬまできちんと生き」ていかれた先祖の方々の姿をおもったことでした。

私の言いたかったことは、結局、そのこと一つだったのだと、今にして思い知らされたことでした。

昨年八月、函館別院での講話を、このように活字にし、本にしてくださった皆さまのご苦労とご配慮を、ありがたく、申し訳なく思っています。

宮城　顗

後生の一大事＊目次

II

後生の一大事

I

後生御たすけそうらえ

「後生《ごしょう》の一大事《いちだいじ》」という講題をあたえられているわけです。多くの方はご承知かと思いますが、蓮如《れんにょ》上人は、特にこの「後生の一大事」ということを常に仰せです。その「後生の一大事」という問題や言葉を聞きましても、現代の私たちには、どうもピンとこないといいますか、それが自分たちの生活と、いったいどういう関わりが開かれてくるのか分からないということがあります。

「後生の一大事」という言葉が、どうしても後ろ向きの言葉のように感じられるかと思いますが、辞書を繰りましても、この「後生」という言葉は「後世《ごせ》・後《のち》の世」、つまり来世とか死後の世界・次の世という言葉と同じ意味だとおさえられています。

そうしてみますと、何か死んだ後の一大事というように、その言葉から感じられもするわけですが、いったい、蓮如上人は「この世は仕方がないんだ。だから、せめて死んだ次の世では幸せになって欲しい」ということでおっしゃったのかどうか、ずっと私の心の中に掛かっておりました。

ところが、蓮如上人の『御文《おふみ》』とか、本願寺派の方では聞法会の後よくご一緒に読まれる『改悔文《がいけもん》』という短い文章の中に、

今度《こんど》の一大事の後生御たすけそうらえ　（真宗聖典、八五三頁）

とあります。このように、「今度の一大事の後生」という言い方を、『御文』の中にも蓮如上人のご信心を身近な言葉で凝縮した大事なご文章の中にも、お書きになってあります。

そうしますと、どうも「後生」という問題は、死んだ後の問題ではなく、今、生きているこの人生の「一大事」であるところの「後生」という意味になっておりまして、

死んだ後とか次の世とか、そういう言葉から浮かんでくる思いとは大分違う意味を含んでいるかと思います。

「一大事」ということは、そのこと一つがはっきりしなければ、結局は後のことがどうあっても虚しい。逆に、このこと一つがはっきりするならば、他のことに力及ばなくても、人間として確かな歩みを歩みつづけていけるということが「一大事」ということなのでしょう。

もっと煮詰めて言えば、生きていることの感動、喜びを、その一点において感ずることができるというものが、「一大事」です。

その意味では、今日私たちはそういう「一大事」ということを感ずる心といいますか、感覚を失っていると思うのです。

国木田独歩の小説

一大事ということで思い出す小説があります。明治維新の後、欧米からは新しい文明がどんどん入って来て、当時の若い人たち、所謂《いわゆる》「書生《しょせい》」と呼ばれていた人たちが新しい思想というものに強く惹《ひ》かれ、ハイカラな生き方を理想としていた頃の小説です。

それは、国木田独歩という作家の『牛肉と馬鈴薯《ばれいしょ》』という短い小説です。

「牛肉」というのは欧米から入って来た新しい理想を象徴しているのでしょう。当時、牛鍋《なべ》屋に上がって牛肉を突っつきながら、人生を談じ、世間を議論することが一番新しい生き方として、書生たちの間で流行していたのです。それに対して「馬鈴薯」というのは、今までの古い生き方、現実主義ということをあらわしています。

ある時、書生たちが連れ立ってある倶楽部の食堂に上がって、いつもの通り、好きなことを議論していました。確か「岡本」という名で出ているのですが、その男が「私にはそのこと一つさえ手に入るなら、今持っている全てのもの、妻も子も、投げ出してもよいという願いがある。逆にそのこと一つが手に入らないのなら、他にどれだけのことが手に入ったとしても満足できないという願いがあるんだ」という意味のことを言うのです。それで、友だちが「何だね、早く言いたまえ」と急《せ》かすわけです。そうしたら、その岡本という男が「喫驚《びっくり》したいというのが僕の願なんです」と言うのです。

それで意気込んだ友だち連中が「何だ!·馬鹿々々しい!」「何のこった!」と言います。

それに対して岡本は「宇宙の不思議を知りたいという願ではない、不思議なる宇宙を驚きたいという願です!」「死の秘密を知りたいという願ではない、死ちょう事実に驚きたいという願です!」と言い、他の連中は呆れるわけです。

短い小説ですけれども、しかし、ある意味で今日に至るまでの大きな問題が、そこに言い当てられているように感じられます。

今日《こんにち》私たちは、すべてが「知識」の対象になってきてしまって、昔の人に比べれば本当にいろんなことを知っています。科学の力で今まで分からなかったことがどんどん解明されてくる。現在、火星がものすごく地球に近づいて来ているそうですが、その状況から宇宙の相《すがた》、いのちの構造など、あらゆることを知ることができるようになりました。

その意味では、知識はたくさん身に付いたのですが、逆にすべてが「そういうことなのか」で終わってしまって、生きることに何の感動も喜びも湧いてこないわけです。何かそのことに触れた時に「そうであったか」という思いをもって立ち上がれる、そういう感動ということを、現代の私たちはどうも見失ってしまっている。すべてが知識の対象となって、知識はどんどん増えてゆくけれども、生きている充実感というものは、どうも昔の人より私たちの方が薄くなっているように思われます。

出世の一大事

そこに「一大事」という言葉が思われるわけですが、たとえば、親鸞聖人は「出世の一大事」という言い方をなさいます。この「出世の一大事」というのは、この世に生まれてきた、生きて在ることの感動をどこで見いだすのか、ということですね。

　ところが、蓮如上人は「後生の一大事」と、ある意味で言葉を換えておられます。「出世の一大事」という言葉の方が、なにかピンとくることがあると思います。皆、生き甲斐を求めている、そういう生き甲斐という言葉に通ずるものが「出世の一大事」という言葉には感じられるのです。

　それに対して「後生の一大事」ということは、どうも自分の問題になかなかなってこないように思います。なぜ、蓮如上人は、わざわざ「後生の一大事」という言い方をなさったのでしょうか。そこに一つ思われますことは、私たちが賜っているこの「いのち」というものには、老いて死んでいくという「老死」の問題が逃れ難い事実として食い込んでいるということです。「本当に生きたい、生き甲斐が欲しい」という思いで生きているその先には、ある意味で、そういう歩みの全部を飲み込むようにして「老死」という事実が立ち塞がっているのです。私たちがこの「生きている」という身の上にどれだけの生き甲斐を築きあげたとしても、それを全部残して死を迎えなければならない時が来るのです。

死を前にして全部消えてしまうような一大事なら、結局は空《むな》しさだけが残ることになります。つまり、私たちの「生きる」という営みは、「老いて死んでいく」という事実をも含んでいるのです。そうしますと、その事実をどう受け止めていけるかということがはっきりしてこなければ、生きる喜びと口では言っても、最後の最後でそれを投げ出さなければならないということになってしまうのです。それを蓮如上人が「後生の一大事」という言葉でおっしゃったのでしょう。つまり老いて死んでいくその「私」が、「老死」の事実から目を逸《そ》らし、その事実から逃げて、生き甲斐というものを握《にぎ》り締《し》めようとしていることを批判して、「後生の一大事」とおっしゃっているのでしょう。

つまり、そういう老死する「いのち」の事実に真向《まむ》かいながら、生きていることの喜びをどこで見いだせるのかということを、「後生の一大事」という言葉で蓮如上人は言い当てようとなさったのではないでしょうか。

死を忘れようとしている現代人

先日、姫路の国立病院で小児科医をなさっている梶原敬一さんという人が、この「老死」という事実から逃げようとしている私たち現代人の在り方について、次のような話をなさったということをお聞きしました。

梶原先生は仏教も深く学んでおられ、現在は本願寺の研究所にも出ておられる方なのですが、先生によりますと、今日の医学では遺伝子ということがもっとも脚光を浴び、華やかな研究分野になっているそうです。そしてその中には、人間の生命《いのち》の営みがすべてこの遺伝子によるとしたなら、人間が皆、老いて死んでゆくということが起こるのも、人間に老いてゆくことをもたらす遺伝子・死んでゆくことをもたらす遺伝子が組み込まれているからにちがいない。だとしたら、その生命《いのち》を老いさせてゆく遺伝子・死に至らしめる遺伝子を取り除いたら、人間は年を取らなくなるのではないか、死なくて済むのではないかということを真剣に考えて、一生懸命研究している人たちがいるのだそうです。

梶原先生は、そのことをまったく愚かなこととして話されているのですが、それはその研究が実をむすぶことなどあり得ないということで、愚かとされているのではなく、そんな研究は人間の生を見失わせるだけだということで否定されているのです。

実際もしその研究が実をむすぶことになったら、人間は絶対に死ねないことになるのです。何百年何千年経《た》とうが死ねないとなったらどうなりますか。人間の平均寿命が十年二十年延びただけで、どう生きるかということが大変な問題になっているのです。それがまったく死ねないとなったら、その時には、たとえば一日というものが何の意味も持たなくなるのです。今日一日がどうあろうと、永遠に生きてゆくのですから。その何の意味もない毎日を永久に続けていかなければならないのです。そこでは、生きているということに何の感動も感激もなくなるのです。

それこそ、お医者さんは自分の学問的興味でと言い切ってしまえば悪いのかもしれませんが、人類のために「死なない」研究をしてくださるのかもしれませんが、そうなった時の後のことはさっぱり考えてくださらないのです。

ともあれ、少なくとも私たちは今、それぞれ老いていき、死んでいくという事実を「いのち」の事実、また、人生究極の問題として、個々に抱えて生きているわけです。

しかも、何時《いつ》もご紹介している言葉なのですが、京都大学ギリシャ哲学教授の田中美知太郎先生の「死の自覚が生への愛だ」という言葉が思い出されるのです。実際、余命幾ばくもないと死の宣告を受けた人にとっては、本当に一瞬一瞬が掛け替えのない時間です。しかし、私たちは、死から目を逸らし、死を忌み嫌って、ひたすら生に愛着しているのです。もっと日常的には、ただなんとなく、まだまだ死なないつもりで生きているのです。

たとえば此処《ここ》に、あるお寺から出ている新聞に載っていました「そのうち」という題の文章があります。これはどなたが書かれたのかは分からないそうなのですが、たまたま古本屋に行ったら、店主の後ろの壁に張ってあったのだそうです。

そのうち

そのうち、お金がたまったら

そのうち、家でも建てたら
そのうち、子どもから手が離れたら
そのうち、仕事が落ちついたら
そのうち、時間のゆとりが出来たら
そのうち、そのうち、そのうち、……
できない理由を繰り返しているうちに、結局、何もやらなかった
むなしい人生の幕がおりて、頭の上に寂しい墓標が立つ
そのうち、そのうち、日は暮れる
今来たこの道、帰れない

最後は童謡をもじってあるわけですけれども、私も振り返ってみますと、いつも忙しさなどを理由に「そのうち、そのうち」と言っております。これは「いのち」が続くものとして言っているわけなのです。

人生列車

また、自分がいったいどこへ向かって行こうとしているのか、何をしようとしているのかを自分の人生に問うたことがありません。此処に紹介する吉川英治さんの『人生列車』の中の文章も非常に面白いと思うのです。

発車駅の東京も知らず、横浜も覚えがない、丹那トンネルを過ぎたところで薄目をあける。静岡あたりで突然乗っていることに気づく。そして名古屋の五分間停車のあたりから窓の外を見てきょろきょろしはじめる。この列車はどこへゆくのかとあわてだす。もしそんな乗客がいたらみな吹き出すに決まっている。その無知な乗客を哀れむに違いない。ところが人生列車は全部の乗客がそれなのだ。

（吉川英治『人生列車』）

こういう文章なのですが、「東京も知らず」、これは生まれた時のことを言っているのでしょう。言い換えると出発なのでしょう。「横浜も覚えがない」、これは幼児の頃ですね。「丹那トンネルを過ぎたところ」というのが青少年の頃になりましょう。「薄目をあける」、いろいろな人を意識したり、人生を考えたりするということでしょう。そして「静岡あたり」というのは壮年時代でしょうね。いろいろ責任を持って生きていかなければならない、そういう年になって「突然乗っていることに気づく」、つまり社会とか人生、人間とか、そのようなことを真面目に意識させられてくる。「そして名古屋の五分間停車」、これは老人ですね。一気に駆け抜けることができないので、五分間休んでいるのでしょう。その頃になって「窓の外を見てきょろきょろしはじめる」、本当に年老いてきて初めて、いったい自分の人生は何だったのだろう、自分は何をして来たのだろうと深く心に掛かり出す。「この列車はどこへゆくのかとあわてだす」、六時間も乗った後でこの汽車がどこへ行くんだと大騒ぎする乗客がいたら、何と呑気な人だな、と笑い出すに違いないけれども、「人生列車」においては「全部の乗客がそれなのだ」と吉川英治さんは書いておられます。

それこそ「老死」を前にして初めて、「私はいったい何だったのだ。何をしてきたのか。どこへ行くのか」という、ある意味で「死」という問題を前にして初めて自分の人生を問い出すわけです。

また、『東海道中膝栗毛』を書かれた十返舎一九は、亡くなる直前にお弟子さんたちから、先生が亡くなられた後に自分たちがそれを拠り所として生きていけるような言葉を色紙に書き残して欲しいと求められたのだそうです。

そうしたら、十返舎一九は色紙をとりあげて、

今までは　人のことと思いしに

俺が死ぬとは　これはたまらん

と書いたそうです。「死」ということは皆、知っている。知っているけれども今まで人事《ひとごと》のように思っていた。この「俺が死ぬとは　これはたまらん」と言う。「死」という知識はありますが、この「私」が死ぬという事実、その事実に本当に立ったことがない、そういうことがそこにはあります。

その意味で、私たちは老とか死というのは、「いのち・生」を打ち消し、否定するものと思ってしまうのですが、実際には田中先生がおっしゃっているように、老死と

いう問題が「生きている」という事実を本当に深く受け止めさせる大きなご縁なのだということが、実はそこにはおさえられてくるかと思います。

あと半年のいのち

今から十八年も前のことですが、私も家族を癌で失っていますけれども、闘病生活の間、特に化学療法による副作用、これはもの凄いです。現在は大分、この化学療法の副作用も抑えられるようになっているそうですが、当時は酷《ひど》かったです。

朝、病室に入って行きますと、枕の周りが真っ黒になっているのです。何かなと思うと、髪の毛がバサッという感じで抜け落ちているのです。

そういう時にいったい、どういう思いで耐えているのか、そのような時に病人に対してどう向かい合ってゆけば良いのか分からなくなりまして、結局、私は本屋に行き、何か導きになるような本はないかと探しました。

そういう目で探しますと、本当にたくさんの方々が書物を残してくださっているのです。癌と闘い、癌で死んでゆかれた人たち、あるいはそれを見送った家族の方々がたくさんの言葉を残していてくださいまして、私はそれを手当たり次第、読ませていただきました。

そういう中で何か病人と向かい合える心といいますか、姿勢というものを探し求めていたわけですけれども、そういう本のなかに高橋穏世《やすよ》さんという家庭の主婦が書かれた『真紅のバラを37本』という本がありました。高橋さんご夫婦は長いこと赤ちゃんに恵まれず、ようやくの思いで授かった子どもが、八か月目くらいから顔が真ん丸に腫れ上がってきたというのです。「ムーン・フェイス」というのだそうですが。

それでその異様さに、あちこちの病院を回られたのですけれど、なかなか原因・病名が分からない。結局、副腎癌ということが判明して子どもを入院させるのですが、その最中に今度はご主人の首に癌ができて、同じ病院の上と下、小児病棟とご主人の病棟とを、穏世さんは毎日上がったり降りたりして両方の看護をされるわけです。

そして、いよいよご主人の寿命があと半年と宣告されるのです。その当時、まだ癌の告知は定着していない時代ですので、穏世さんはご主人に告知すべきかどうか悩まれたそうですが、結局、知らずに、それこそまだまだと思っているうちに生命を失うことは余りに忍びないということで、ご主人に告げられるのです。

そうしたら、ご主人は自分にはやり残したこと、どうしても成し遂げたいと思うことがあるということで、病院を出て自宅療養をするわけです。

ご主人は、高校の先生をしながら考古学の研究もしておられましたが、手術でリンパ管を切除しているものですから、学校に行く時もリンパ液が溜まって手とか足がパンパンに腫れるのです。腫れた足に草鞋《わらじ》を括《くく》り付けて、最後まで高校の教壇に立ち続けられた。その姿を見て、近所の人たちが「あんな体になったご主人をまだ働かせて、もう休ませたらどうなんだ」と批判するわけです。

それから、その子どもが、少し元気だった頃に連れて行った、駅前の喫茶店のアイスクリームが食べたいと言うので、もう骨と皮だけになっているような子どもを乳母車に乗せて行って、そこのアイスクリームを食べさせる。そうすると、また、近所の人が「あんな体の子どもを連れだして、アイスクリームくらい買って帰ったらどうだ」と非難するのです。

それに対して穏世さんがこういうことを書いておられるのです。

私たちには、また今度ね、とか、治ったらね、という言葉が無いんです。だから、今、その人がしたがっている事を、私も一生懸命手伝ってさせてあげたいんです。

その「また今度ね、とか、治ったらね、という言葉が無いんです」という言葉が強く胸にせまってきました。振り返ってみますと、いかに自分の生活のなかに「また今度ね」「……したらね」という言葉が満ちあふれていることか、改めて問い直させられたのです。

今のままで死ねますか

また、これは名古屋の郵便局にお勤めの方ですが、「後生の一大事」ということを、「後生の一大事」というのは、あなたはいつ死ぬかもしれないよ。今のままで死ねますか、という促しの言葉だと思います。

このようにおっしゃってくださったことがありました。つまり、「また、今度ね」とか、「治ってからね」という言葉が全部なくなった時、全部それが奪い取られた時に「あなたはどう生きるんだ」という問いを私たちに突きつけてくださっているのが「後生の一大事」という言葉ではないでしょうか。

私は、名古屋の方がおっしゃった「あなたはいつ死ぬかもしれないよ。今のままで死ねますか」という言葉がずっと忘れられないわけです。

「後生の一大事」を問うということは、死んだ後のことを問うということでは決してない。そうではなくて、それこそ一切の希望が奪い取られた後、どう生きますかという促しを改めて感ずるわけです。

その意味で『無量寿経』に出ているお言葉に、

老・病・死を見て世の非常を悟る。国の財位を棄てて、山に入りて道を学したまう。
(真宗聖典、三頁)

というものがあります。これは、『無量寿経』の一番最初に仏の生涯ということが説かれてあるのですが、その青春の時に「老・病・死を見て世の非常」、永遠に続くものではない、それこそ、いつ死ぬかもしれないという事実を悟る。そこで「国の財位を棄てて、山に入りて道を学したまう」。これはよく知られております物語にうつして言いますと、所謂《いわゆる》、仏の「四門出遊《しもんしゅつゆう》」という言葉で説かれております。釈尊の生涯の中で、釈尊をして仏道を求めしめた縁となったものとして「四門出遊」ということが語り伝えられております。

青年「ゴータマ・シッダルタ」は常に世の矛盾、世の無常というものを感じて、日々考え込んでおられた。それで、心配した父の王さまが何とか気晴らしをさせてやろうと考え、城にばかり閉じこもっておらず街に出てはどうかと勧めるわけです。

ただ街に出たはいいが、心を悩ますようなことに出会っては逆効果だということで、国王としての財力・権力の限りを尽くして街を洗い清め、道端には部下を配して、太子を悩ませるものが道筋に出ないように配慮を尽くして後《のち》、太子を街へと出されます。

ところが太子は、東門から出られた時、それだけ警護されていたにもかかわらず、老人に出会われ、その姿を見て「私もあのような姿になるのか」と言って城に帰られた。それから南門から出られた時、病人に出会われ、西門では死人に出会われた。そして北門から出られた時、沙門《しゃもん》に出会われたといいます。「沙門《しゃもん》」というのは「出家者・求道者」のことです。

四門出遊と五行

これが「四門出遊」という言葉で伝えられている物語ですが、三二ページの図を見ていただきますと、これは「五行」――中国古来の思想で、この世のすべてのものを組成している元素として火・水・木・金・土の五つを挙げ、この五つのものが天地の間を循環し、流行してとどまることがないので五行と呼ばれるのですが、その五つの要素を丸で囲んで挙げてあります。

真ん中には「土」、北の「水」、東の「木」、南の「火」そして、西の「金」、これは金属です。そして、この「火・水・木・金・土」の五つの要素にまた、それぞれ色が配当されております。

東は「青」、南は「赤」、西は「白」、北は「黒」、中央の土は「黄」とあります。そして、四季にも振り分けられまして、こんどは三角で囲んでありますが、東は「春」です。ですから、色の「青」と季節の「春」を一つにしたのが「青春」という言葉です。また、南が「夏」、西は「秋」、これも北原白秋の「白秋」という言葉は、色の「白」と季節の「秋」とを合わせて「白秋」という言葉になるわけで、やはり、この「五行」を踏まえているわけです。そして、北は「冬」というようにそれぞれ四季に配当されるということです。

つまり、「東」というのは青春時代ということで、「東」という字自体が、動物の皮でできた袋の形からできた文字で、今でもモンゴルなどでは、ある動物の皮の袋の両端を括《くく》って、その中に牛乳を入れて揺さ振ってバターとかチーズが作られる、あの形からきている字体だというのです。

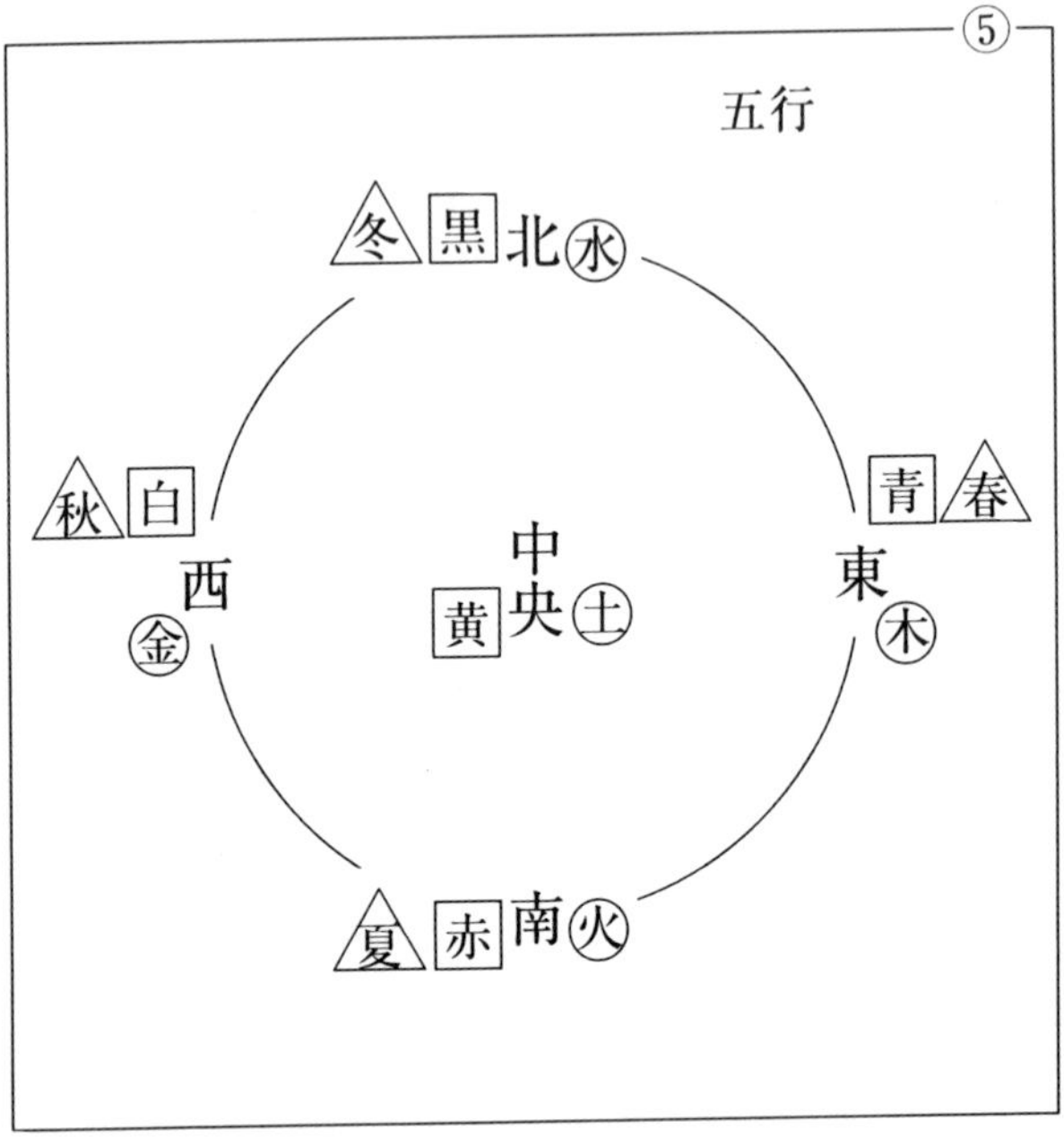
⑤
五行
冬
黒
北
水
秋
白
西
金
中
央
黄
土
青
春
東
木
夏
赤
南
火

そして、結局、あらゆるものを揺り動かす、揺り覚ますということで、新しい生命《いのち》を作り出していくという意味を、実はこの字が持っている。ですから、一番若々しい、いのちに満ちた世界を意味する、その「東門」に、老人というものを配当してあるのですね。青春の輝きのなかに老いがすでに在ることをおさえてあるのでしょう。

それから「南」という字は、草の間を風が吹き抜けていく、それを表す文字だそうです。そうすることによって萌《も》え出た草木が成長していくわけで、そういう草木を成長させる、言い換えると一番生命が盛んに燃え上がっている時が「夏」ということなのですが、その「南門」から出た時、シッダルタは病人を見るわけです。もっとも元気盛んな人の中に、あるいは元気盛んな状態の中で病という問題をちゃんと嗅ぎ取るということです。

そして「西」は、よくお聞きになることがあるかと思いますが、これもいろいろな説がありますが、この字は鳥が巣に帰った形だということです。日が暮れて鳥が巣に帰る、つまり、一日の営みが終わってみんなが帰るべき処に帰って休む。そこに帰すべき処、帰るべき処という意味を「西」という言葉は持っているのです。そこに死という問題がおさえられているということです。

しかも、その老・病・死という問題は父王が王としての財のすべてを傾け、その権力の限りを尽くし、さらに父親としての愛情をそそいでも――財力と権力と愛情の三つが結び付いたら、この世で一番強い力を持つはずですが、その財力と権力と愛情のすべてを尽くしても守ってあげることができない問題、それが老・病・死という問題だということが説かれているのです。

父王が太子に対してすべての愛情を注ぎ、そういうことが目に入らないように配慮しても、必ず立ち現れてくるもの、生きている限り、免れることのない問題として老・病・死がとりあげられているのです。

そして最後に「北」という字は、いろいろな意味で背き合っている二人、背中を向け合っている二人の姿を表している文字だそうですが、今は、こういう人生に背を向け、人生への捉《とら》われを離れて、本当に死に切れるほど生き切っていける道を尋ねていくのが沙門、出家求道者だということがあらわされているのでしょう。そういう道を求める心というのもまた、老・病・死することと同じように、どれだけの財力と権力をもって抑えようとしても、抑えることのできない人間の生命《いのち》のおのずからなる営みだということが教えられているのでしょう。確かなるものを求めたいという心です。

何で聞法するのかね

私は、安田理深《りじん》先生に教えを頂いたのですけれども、安田先生は晩年、老人性結核で三年ほど入院生活を送っておられました。

ある日、友だちとお見舞いに伺い、病床でいろいろとお話を聞かせていただいたのですけれども、暫《しばら》くお話をしてくださって、その後突然、黙ってしまわれました。そして、少し間をおいて「何で人間は聞法するのかねえ」とポツリとおっしゃいました。

安田先生という方は、生涯「一書生」という生き方を貫かれました。その代わり奥さまが大変なご苦労をなさったわけですが、本当に生活のために働くということはなさらなかった。ただもう、ひたすら仏法を聞き、学び、仏法を語るということのために生涯を尽くされた方でありました。

その先生が「何で聞法するのかね」とおっしゃったものですから、私も友だちもある意味で度肝を抜かれまして、言葉を失ってポカンと立っておりました。そうしたら、暫くして「春になったら、木が芽吹くようなものかねえ」とこうおっしゃいました。

つまり、生命《いのち》のおのずからなる営みとして真《まこと》なるものを聞かずにおれない、真なる生き方を尋ねずにおれないという生命を私たちは賜っている。その求めるという心は、誰も抑えることができない心だということをおっしゃったのだと思います。そしてそのように求道・聞法ということが、命のおのずからなる営みだということを、北門を出た時に沙門に会うという形で示されているのでしょう。

よく人間は万物の霊長だというような言い方をしますが、実は人間は生涯、生き方に迷う存在なのです。仏教には「業力不思議《ごうりきふしぎ》」という言葉があります。

「業」という言葉の一番のもとは「行為する」ということですが、この場合は「生きる」という意味に受け取ってよいかと思いますが、つまり、それぞれ生命あるものは、それぞれの生き方をちゃんと身に受けているということです。

今の言葉で言えば、遺伝ということになるかもしれませんが、亀の子どもは卵から生まれると、誰に教えられなくても海の中に入って行く。あるいはアフリカの荒野で生まれた、特に足で生命《いのち》を守る動物などは、生まれてすぐ立ち上がり、数時間で歩き回るようになる。また、蜘蛛は誰に習ったわけでもないけれども、誠に合理的な張り方で巣を張り、蟻は蟻で見事な巣を掘ってゆく。そういう生き方をちゃんと身に付けている不思議、これを「業力不思議」とこう言うわけです。

ところが考えてみると、人間は生き方が定まらない動物なのです。私もいつの間にか七十歳を越えてしまったのですけれども、やはり今でも生き方に迷います。生き方というものが定まってこないわけです。

その意味では万物の霊長どころか一番劣った動物なのでしょう。ただ、生き方が定まらないからこそ、私たちは迷い、生き方に悩み、そして不安を感じるのです。そういうことを、これまた誰に教えられたわけでもないのに感じるのです。

迷ったり、悩んだり、不安を感じる。「このようにしたら不安を感じますよ」などということは学校も大人も教えてくれないけれども、ちゃんと不安を感じて生きているのです。

老病死の自覚から始まる仏教の歴史

そのことは逆に言いますと、何か確かなものを求めずにはおれない、あるいは願わずにおれないという生命《いのち》の営みが、おのずと身に賜っている。それこそ、なんで求めるのか、なんで尋ねずにおれないかですね。

それは春に草木が芽吹くように、縁によって私たちの中から芽生えてくる心、その芽生えてくるということは誰にもそれを抑えることはできない、そういう力《ちから》として身に受けている。そのことが、今、この『無量寿経』では「老・病・死を見て世の非常を悟る。国の財位を棄てて、山に入りて道を学したまう」という言葉で挙げられているわけです。

ですから、その「老・病・死」の自覚が仏教の歴史の出発点ですね。仏教は決して仏陀の悟りから始まったのではなく、人間の苦悩から始まっているのです。仏教の歴史は、人間の苦悩の目覚めから始まっている。人間の苦悩を離れては、仏の悟りも教えも意味をもたないでしょう。

仏教は決して釈尊が頭で考えた思想ではありません。その苦悩を通して確かな拠り所というものを求めていかれた。その歩みが、おのずと道となって今日《こんにち》まで伝えられてきているわけです。

私たちが「後生の一大事」を尋ねるということは、そういう老・病・死という事実を受け止め、しかもなお、確かな歩みを歩み切っていける、そういう道を尋ねるということであったわけでしょう。

善導大師のお言葉に「前念命終後念即生《ぜんねんみょうじゅうごねんそくしょう》」というお言葉がありまして、この「後生」というのは「後念即生」という言葉から生まれた言葉だという説もあります。説と言いますか、そういうように受け止めてくださった方もおられます。「後念即生」ということで、ただ死んだ後《あと》ということではないのです。

「前念命終」の「前念」とは何かといいますと、私たちの日常の心でありまして、それは常に自分の思いというものを中心にして、あるいは自分の思いを物差しにしてすべてを計って、価値がある価値がない、これは勝れている劣っているというように、全部自分の思いのところでそれを物差しにして見分け、生きているのですが、そういう自分の思いを振りかざしても、その生活に行き詰まり、打ち倒されて、そこに「後念」、本願の力《ちから》・願力《がんりき》による歩みが呼び覚まされてくるという意味でおさえられてくるのです。

願いを聞く身になろう

ある詩をご紹介します。これは金沢に松任という町がありまして、そこでお百姓をなさっていた浅田正作という方が、いろいろな問題で永く悩まれるわけですが、結局、百姓としての生活を捨てて、京都の専修学院という学校で一年間学ばれ、現在はあるお寺の僧侶をしながらたくさんの詩を書いておられます。その浅田正作さんの詩の一つに「回心《えしん》」という詩があります。

回心

自分が可愛い
ただ　それだけのことで
生きていた
それが　深い悲しみとなったとき
ちがった世界が
ひらけて来た

「自分が可愛い　ただ　それだけのことで　生きていた」というすがたが前念ということです。いろんな思いを重ね、それこそ家庭や仕事上の問題に浅田さんがぶち当たられ、行き詰まられたわけですが、よくよく考えてみれば、結局、「自分が可愛い」

というその自分を握り締め、守ろうとする思いがずっと根っこにあり、それだけのことで生きていたと、こう思わざるを得ない。ただ、それが「深い悲しみとなった」時に違った世界が開けてくるのです。

そして、ある意味で違った世界というのを表した詩が、次の「聞く身」という詩であります。

聞く身

願いを聞こう
願われて　願われて
願われて生まれてきた
願われて育てられてきた
その願いを
聞く身になろう

こういう詩を歌っておられます。「自分が可愛い　ただ　それだけのことで　生きてきた」そういう在り方が、「願いを　聞く身になろう」と転じていかれる。ある意味で浅田さんにおける「前念命終後念即生」の歩みでしょう。

そこに私たちが自分の思いに立ち、思いを握り締めて、自分の幸福《しあわせ》というものを必死に求め願っている。それは人間として誰しもが願わずにはおれないことなんですけれども、しかし、その思いは必ず行き詰まることがある。

また、そこに「老死」という問題が潜んでいるという、あらゆる意味の行き詰まりを転じて、そういう願いを聞く身にされてゆく。そこに「後生の一大事」の内容が示されてあるかと思うのです。

何か「後生の一大事」という言葉が、どうも日常の私の生きていく上での問題というようには、なかなか思えなかったわけですが、よくよく考えてみると、「後生の一大事」を問うという形において、初めて私は自分の人生の全体を振り返る眼が与えられ、そして、自分の人生を問い直す、そういう心が呼び覚まされてきたのです。そういう意味が、この「後生の一大事」を尋ねるというところにはあるのではないでしょうか。

今日、私たちは、いよいよ豊かさとか便利さとか、幸せを何か外へ外へと求めておりますが、しかし、そういうふうに追い求めていく道には、結局は空《むな》しさだけが残るのではないか、何かそういうこともそこに改めて問われてくることです。

「後生の一大事」とは私の人生の全体を見つめなおし、「今のままで死ねますか」という問いを、突きつけてくださる言葉だと言えるかと思います。

II

精神的な循環彷徨

私たちはいろいろな思いを抱えて生きているのですが、自分の死んだ後のことや亡くなった人のことが常に気にかかります。

それは常に、「今」気にかかっているのです。死んだ後に初めて問題になるのではなくて、生きている中で今、はたしてこれで死んだらどうなるのか、と心にかかっているのです。しかも、その問いがはっきりしてこないのは、やはり「今」ということがもう一つぼんやりしているからではないでしょうか。

いつも「今」生きているのですが、あまり掛け替えのない「今」というふうにはなかなか思わない。いつも明日があるとか、そのうちそのうちという思いがあります。「今」という時を本当に掛け替えのない時として受け止めているかというと、どうもはっきりしない。しかも、その「今」を私たちは自分の思いで生きております。

振り返ってみると、私たちはいのちの事実を生きてきたというよりは、自分の思いばかりを生きてきたという気が改めてするわけです。

私たちにとって自分というものは自分の思いのことであり、若い人がよく「自分の思いに納得できないものはしたくない」と言いますが、自分を大事に生きるということが、自分の思いを大事に生きるということと、しばしば同じになってしまっているのです。ところが、この自分の思いというものほど、怪しいものはないのです。

たまたま新聞で「循環彷徨《ほうこう》」という言葉を教えてもらいました。砂漠や雪野原などの、一面何も目印のない所を、自分の思い、自分の感覚だけを頼りに一生懸命まっすぐ歩いて行く。自分では北なら北に、まっすぐ歩いているつもりが、必ず二百メートル歩くと横に五メートルほどずれるそうです。しかも、だいだい利き腕の方向にずれるそうです。二百メートルで五メートルずれるのですから、物凄く曲がってしまうのです。

そういった自分の歩みを訂正していけるような目印がない時には、自分の感覚ではずれてきていることが全然分からない。自分はまっすぐ歩いているつもりでどんどん行くと、結局ぐるっと回り、元に帰ってきてしまう。これを「循環彷徨」といいます。本人は一生懸命一つの方向に向かって歩いたつもりが、気がついたら元に帰ってきてしまっている。元に帰っているという気もなく、戻っているのがまったく分からないのです。

「敦煌《とんこう》」という映画がありましたが、その中で愛しあう若い男女が城を抜け出し、砂漠を突き切って必死に逃げるのですが、一晩中、一生懸命逃げて、大分《だいぶ》城から離れたろうと思って明け方に前を向いたら、出てきたはずの城が目の前にあるというシーンがありました。自分の感覚ではまっすぐ一つの方向に向かって歩いていたつもりが、実はまったくずれて歩いていた。しかもそれは、決して、砂漠や雪野原でのことだけではありません。それこそ人それぞれに、一生懸命生きてきたこの人生という旅路にあっても、同じことなのでしょう。たとえば一生懸命生きてきたのだけれども、気がついて、振り返ってみた時、いったい自分は何をしてきたのだろうかという思いにとらえられるのも、やはり「循環彷徨」なのでありましょう。これを仏教では「流《る》転《てん》」という言葉で教えてきました。ふと振り返ってみたら何をしてきたのかという思いに捉《とら》われる。結局、少しも進んでいないのではないかと愕然とする、これも精神的な「循環彷徨」でしょう。私たちの思いというものの危うさであります。

不離識

しかも、私たちはあらゆる体験を思いにおいて重ね、ものを見る時も常に自分の思いで見ているわけで、なかなかもの自身というのは見たことがないのです。仏教ではあらゆる行為を自分の意識を離れて観《み》たことがない、必ず自分の意識においてしているということを「不《ふ》離《り》識《しき》」と言っております。

北海道の札幌に教学研究所があり、そこの所長を永く務めてくださった仲野良俊という先生がおられました。仲野先生は温泉が大好きで、お仕事で地方へ行かれる時に温泉があれば、少しの休憩時間でもお風呂に入っていかれるという方で、その先生がある時にこういうことを話しておられました。

仲野先生が仕事先の温泉につかっておられた時、相客が二人おられたそうです。一人は七十歳を過ぎておられるかなというようなお年寄りで、何かニコニコしながら入っておられる。もう一人は四十代ぐらいの人で、むっつり黙って入っておられたのだそうです。

仲野先生はおじいさんがニコニコして入っておられるので、こういう年になってニコニコ笑いながら温泉につかっておられるというのは、よほど幸せな方だなあと思って見ておられたそうです。

そうしたら同じようなことを思われたのか、四十代ぐらいの壮年の人が「さっきからおじいさんを見ておったら、本当にニコニコして幸せそうでいいね。私はこちらへ集金に来たんだけど、思うようにお金が集まらなくて、お湯につかっていながらも気が気じゃないんだ。それに比べておじいさんは結構な身分でいいね」と声をかけられたそうです。

するとおじいさんがニコニコ笑いながら怒られたそうです。「何が幸せなものか。わしは三年前に中風《ちゅうぶ》になってからこういう顔になったんだ」とこういうことなのです。なにか筋肉の引きつり具合によって、笑っているように見えるという「笑い中風」というのがあるそうです。

また、お年《とし》もお年ですから、ご不幸のあった所へ行かなきゃならない時も、しばしばある。そういう所へ行ってもニコニコしているように見えるものですから、はなはだ具合が悪いので、「此処《ここ》は中風にいいということを聞いたので、湯治に来ておるんだ、何が幸せなものか」と怒られたそうです。

そのやりとりを仲野先生は横で聞いておられて、なるほどなと思ったそうです。つまり、壮年の人は、自分は集金で来たけれどお金が集まらない、しんどいと思っている。その自分のしんどさが根っこにあって、それに比べて横を見たら、ニコニコ顔の人がいる。顔の表情がゆるんでいるのは笑っているからだし、笑っていられるということは、幸せな人なんだと考える。

これは全部自分の意識で捉《とら》えているわけですね。ですから顔を自分で見て判断しているわけですけど、それを判断しているものは、「自分の思い」なのです。そういう自分の思いで周りの人を見ては、あの人は羨ましいとかというように、私たちはいつもそのような見方をするわけです。

自分勝手な思いで受け取る私たち

しかし、私が受け取ったままが事実かというと、まず違うのです。大体《だいたい》自分勝手な思いで、受け取っているということがあります。そのことは、たとえば、我が子に対しては「一人の親としての思い」でしか見られないわけで、それによって「子ども」というものが見えなくなることがあります。

アランという方がいらっしゃるのですが、こういうことを言っておられます。

梨の木が梅の実を成らさないからといって、咎《とが》め立《だ》てをしない

それが人間としての義務だ

考えてみますと、梨の木に向かって「お前なんで梅の実をつけないんだ」とそんなことを言う人は誰もいないでしょう。

しかし、考えてみると私たちは周りの人に向かって絶えずそれをしているのではないかと思うのです。たとえば子どもの場合、この梅の実というのが通知簿の「五点」だとすると、その子どもは五の数が一つしかない。隣の子は三つあったのに、お前はなんで一つしか取れないのだと怒るわけです。これは私たちに梅の実を数えては、それをたくさんつけるのがいいのだという思いがあるからです。

そうしますとこの子どもは何の木だろう、何の実をつけようとしているのだろうという、そういう目で子どもを見守るということがなくなっていくのですね。頭から梅の実の数で子どもを測ってしまって、お前は駄目な子だというようなことを言ってし

まうと、子どもにしてみればやりきれない話です。

学校の授業というものには気が向かないけれども、何かを作らせたら素晴らしい才能をもっているという子どもも大勢いるわけです。

私たちは何か人間として世間の物差しというものをちゃんと握り締めて、それで子どもでも何でも測って、レッテルを貼ってしまうのです。いつもそういう自分の思いのところで触れ、思いのところで受け取り、そして思いによってレッテルを貼って、褒《ほ》めたり貶《けな》したりすることを私たちは絶えずしている。そこに、私たちは生きているというのです。しかし立っているところは常に自分の思いに立っているということがあります。

その思いというものは、どこまでもいのちの一面・一部なのです。私がこの身に受けているいのちの事実は、思いをもって量ることのできない深さと広さをもっている。決して私の思いで包めるような、そんな小さないのちではないのでしょう。この身においていて頂いているいのちというものは、そんな私の思いで括《くく》ったり、量ったりできるようなそういうものではないのです。しかし、私たちはそれを、思いをもって捉えるわけです。

阿弥陀のいのちへ帰せよ

『安心決定鈔』という書物がありますが、これは厳密には誰がお書きになった書物かはっきりしないのですが、ただ蓮如上人が非常に尊ばれ、読めば読むほど金を掘り出すような尊いお聖教《しょうぎょう》だと、常におっしゃっておられたということなのですが、その中に、次のようにあります。

しらざるときのいのちも、阿弥陀《あみだ》の御いのちなりけれども、いとけなきときはしらず、すこしこざかしく自力になりて、「わがいのち」とおもいたらんおり、善知識「もとの阿弥陀《あみだ》のいのちへ帰せよ」とおしうるをきて、帰命《きみよう》無《む》量寿覚《りようじゆかく》しつれば、「わがいのちすなわち無量寿なり」と信ずるなり。(真宗聖典、九五九頁)

つまり幼い頃、無邪気に生きてきたことを忘れて、少し年を取ると「自分が、俺が」という思いに立って生き始める。私たちは賜ったいのちを我がいのちとして生きており、我がいのちという思いで生きているのです。思いでいのちを捉《とら》えますと、周りのいのちが気になってまいりまして、「あの人よりは私の方が」といつも比べてしまうのです。

この「我がいのち」というところに現れるものが、邪見《じゃけん》・我執《がしゅう》の心ですね。自己を中心に考えるのが我執です。そして、いつも周りと比較しては、優越感や劣等感に振り回されていくのが驕慢《きょうまん》心ですが、一度《ひとたび》我がいのちと思い始めると、必ずそこに邪見・驕慢の生活が始まるということが教えられているのです。

私たちは「自分のいのちは自分のもの」とどこかで思っているけれども、この身に賜っているいのちは、そんなちっぽけないのちじゃない、思いで量れるようなそんなものじゃない、阿弥陀のいのちなんだと教えられるわけです。阿弥陀というのは無量ということなのです。

この阿弥陀という字はインドの言葉を漢字に写しただけの言葉で、「阿・弥・陀」

という字には意味はないのですが、阿弥陀というのは何かといいますと、「無量・量り無し・限りない」ということなのです。

ですから私たちのいのちが阿弥陀のいのちだということは、限りない人々のいのちの歴史をこの身に受けて、限りないいのちの広がりやつながりを頂いて生きているということなのでしょう。

私はかつて京都の小さなお寺の住職を務めさせていただいたのですが、そこの十八代目の住職でした。その頃、盛岡の方へ行きましたところ、ある方に「あなたは何代目の住職さんですか」と聞かれまして、私は「十八代目です」と答えたのです。

そうしますと「人間、十八代で親が何人いると思うか」とこう聞いてこられたのです。そんなことは考えたこともありませんでしたし、言葉を濁してしまいました。

十八代といいますと、十七代もさかのぼるわけです。まず両親がいて、それぞれの両親にまたお父さん、お母さんがおられる。どんどんどんどん広がっていくわけです。そして十七代数えてゆきますと、十三万千七十二人になるのです。十八代目の私にまで直接関わってくださったいのちが、十三万千七十二人にもなるのです。これが私たちのいのちの歴史ということになりますと、お寺の初代よりもっと先があるわけですから、さて何人になるでしょう。そうしますと上へいくほどに増えて、大変な数になるのです。

つまり、私のいのちと言っているそのいのちは、十三万千七十二人もの歴史、つながりによって賜ってあるわけです。

へその緒のつながり

先日、近頃の産婦人科では、お産の後に特別に申し出をしておかないと、へその緒を残してもらえないという話を聞きました。私のへその緒の場合は桐箱に入っていまして、箱の上に「何年何月何日生まれ、何々と命名」と書かれておりました。何回も見ようとは思わないのですが、しかし何か厳粛な気がいたします。へその緒を残しておくということは、いのちがつながっているということの確かな証《あかし》なのですね。

つまり、いのちは私からポッと始まったのじゃないんだ、私のいのちは私の思いから出発しているのじゃないんだということです。親からのつながりの中でいのちを賜った。ですから、その確かないのちのつながりということをやはり尊んだのでしょう。昔はそうやって一人ひとり桐箱に入れておいたのです。私は四人兄弟ですが、四人ともへその緒をもっております。しかし、今はあまりこういうことをしないそうです。

たとえば、松尾芭蕉も四十四歳の時にこういう俳句を詠んでいます。

旧里《ふるさと》や　臍《ほぞ》の緒に泣く　年の暮れ

芭蕉は伊賀の国上野の生まれなのですが、この句に先立って、故郷に帰ってもすでに両親はいない、いろいろな生活の思いを抱えて「思うことのみ多くありて」、というような前書きが書いてあります。その後にこの句が詠まれているわけですが、故郷に帰って亡き両親を偲ぶ、その時に、へその緒というものを、何かある意味で改めて受け取り直しているように感じられるわけです。

ですから、へその緒というものは、私たちのいのち、血のつながりが縦にも横にも広がっているということを、本当に感じさせる一つの象徴ではないでしょうか。そういうものとして尊ばれ、大事に大事にされてきたということがあったわけでしょう。慣用句に「ほぞを固める」や「ほぞを噬《か》む」という言葉がありますが、何か失敗したときにほぞ、へそですね、それを噬むと言い、また、何か一つの決心、選択をした時には「ほぞを固める」という言い方をします。

何かそこには一つの道を選ぶということが、ただ自分だけの問題ではなく、それこそ親、兄弟等のいのちのつながりある人々にいろいろな影響を与えていく。そういうことを踏まえて、なお自分はこの道を行くんだという時に「ほぞを固める」という言い方をしたのでしょう。

何か失敗した時に、それがただ自分一人の失敗にとどまらず、私を産んでくれた親や育ててくださったいろいろな人々に背き、悲しませてしまうというところに「ほぞを噬む」という言い方をしたのでしょう。そういった言葉を私たちの先祖はずっと使ってきたのです。

ところが今日においては、へその緒なんてものは、ある意味で無用の物として処理されるのでしょう。ですから、そこにもいのちというものを受け取る姿勢に大きな違いが現れていると思うのです。

他化自在天の生活

いのちのつながりは、限りない広がりを持っているという事実を頷かせ、目覚めさせてくださる。そこに阿弥陀の教え、阿弥陀の恩、いのちという意味があろうかと思います。

それにもかかわらず、私たちはそのいのちを我がいのちとして生き始める。俺のいのちは俺のものとして生き始めるところに、私たちのいろいろな迷いが生まれ、一生懸命生きてきたはずなのに、逆にだんだんと人間のつながりがバラバラになり、社会がぬくもりを失っていくということが起こってきているように思われます。

このような私たちの心の在り方を、中国の曇鸞《どんらん》大師という方は、「所求《しょぐ》」と「情願《じょうがん》」

という二つの言葉であらわしておられます。私の勝手な言い方をしますと、人間の心は二重底になっているということです。

まず「所求」というのは何かといいますと、私たちの日常のいろいろな欲望です。たとえば十年くらい前になりますが、ある婦人雑誌が創刊されまして、その時の宣伝文句が「あれ欲しい、これしたいマガジン」といったものでした。つまり、その雑誌を見ますと、私もこれ欲しいな、これしたいなと思うような情報がいっぱい載っている雑誌なんだということをその宣伝文句で表現していたのですね。こういった日常のいろいろな欲望、それを「所求」という。私たちの日常生活は、そういう「所求」に振り回されております。本当にこの頃はそういった情報が、これでもかこれでもかというほどに押し寄せてきています。商品の説明には俳優さんが出て、「わぁ安い」とか「これは便利だ」とかやって宣伝に一役買っていますね。うまいこと演技ができるものだと感心するのですが、あれを見て買われる人もたくさんいるわけでしょう。

そういった私たちの「所求」をかきたてる情報というものが今は本当に満ち溢れて

いるわけで、そのような状況の中で私たちは振り回されて、「あの人があれを買われたそうだ」と聞くと自分も欲しくなる。

しかし、なかなかそんな思い通りに欲しい物が手に入ったり、したいことが全部できるということはありません。また、たとえ中に非常に恵まれた人がいて、この所求が全部満たされたとしても、それが幸せで喜びに満ちた生活になるかといいますと、これは怪しいものです。

仏教では所求が満たされた世界を天上界と教えるのです。その一番上の層を成しているのが、「他化自在天《たけじざいてん》」という天上界なのですけれど、ここは簡単にいいますと、人様のご苦労の上に乗っかって楽しんでいる世界のことなのです。

この世でもだんだん地位が上がり権力がつきますと、他化自在天に入っていきますね。周りの人が何でもしてくれるし、自分で汗水たらさなくても、お付きの人が全部取り仕切ってくれる。これが他化自在天です。

私たちは、なかなかそういうような生活には縁遠いものです。しかし私たちでも、たまに他化自在天に入ることがあります。

つまり旅行に行って温泉などに行きますと、宿では荷物を持ってもらって、部屋へ案内してもらい、浴衣を着せてもらいまして、上げ膳据え膳ときます。これもやはり他化自在天です。自分で何もしなくても、ちゃんと全部心配りをしてくださる。最初はうれしいものですが、これがずっと続くとなりますと堪《たま》らないでしょうね。

ある時、仕事で福岡から札幌まで飛行機で行った時にこんなことがありました。札幌空港に着きますと、ブリッジが飛行機に横付けにされて空港の中へと歩いて行きます。その時私の後ろをお年寄りのご夫婦が歩いておられまして、その話しておられる声が耳に入ってきたのですが、おばあさんが「今日から自分の寝床で寝られる」とおっしゃったのです。そうしましたら、おじいさんが「ああ、自分の枕での」ということを言っておられたのです。

ちょっと見ますと、九州の湯布院《ゆふいん》の温泉の紙袋をお二人は下げておられました。往く時は喜び一杯で往かれたのでしょうね。湯布院の温泉まで往かれたのですから、それは楽しかったろうと思うのです。何日間お泊りだったか分かりませんが、やはり楽しめなくなったのでしょう。やはり家の方がいいということですね。

私もよくホテルに泊まりますが、本当に枕だけはどうしても自分の枕でないといけません。そのご夫婦もそういう思いをされたのでしょう。

天人の五衰

このように他化自在天が一番いいはずなのですけれど、結局は長続きしないのです。つまり、天上界というのは、自分のそういう所求を全部満たされた、本当の満足の世界であるはずなのだけれども、その満足もやがて必ず衰えていく。

これを仏教では「天人《てんにん》の五衰《ごすい》」という言葉で教えられておりますが、天上界に上がるといろいろな喜びを身に受けるのだけれども、その満足や喜びというものは必ず衰えてゆくということなのです。

この五衰の第一は「頭上華萎《ずじょうけい》」です。頭上の華《はな》というのは何かといいますと、天人の象徴なのですね。今の学生は学生帽子なんか滅多にかぶりませんが、私が大学に入りました頃には、いわゆる旧制でしたから、予科という期間が三年ありまして、それから、それぞれ専門の学部に進むというようになっていました。その予科の間は「金色夜叉」の寛一の格好です。マントを羽織って、腰に手拭いをぶら下げ、高い朴《ほお》歯《ば》下駄をはいて、街を闊歩したものでした。その時、頭には必ず白線の入った帽子をかぶっていました。その学校の徽章《きしょう》に、俺はあの学校の学生だぞという誇りを感じていたわけです。今、この天人の頭上の華というのも帽子のバッジと同じわけです。そんな天人としての誇りや喜びをかたどっているのが頭上の華《はな》なのですが、それが萎《しお》れてくる。これは天人としての在り方に感動がなくなる、薄れてくるということなのです。

私たちは、あれがしたい、これが欲しいと思って、それが手に入った時は有頂天《うちょうてん》になります。しかし、しばらく経《た》つとそれがあることが当たり前になってくる。いつまでも初めて手に入れた時の喜びが続けばいいのですが、必ずその喜び、感動は薄れていく。これが頭上華萎です。

そしてすべて満足してしまったなら、どうしてもこれをしなければならないということが何もなくなるわけですから、毎日ただのんびり暮らしていればいい。一生懸命働いても生活が苦しいというような身分から思えば、なんと結構なことだと思いますが、しかし何にもすることがないということは、生活に何の張り合いもないということなのです。二番目の「衣服垢穢《えぶくくえ》」というのは生活に張り合いを失うということなのです。

つまり、張り合いがないと、着ている物がたとえどんなに美しい物でも、そこに緊張というものがありませんから、何かだらんとした格好、薄汚れた感じになってしまいます。

そして同時に気力が失われていく。脇の下に冷や汗を流すようになるという気力の喪失です。これが三番目の「腋下汗流《えきかかんる》」です。

どんなに所求を満たしても私たちが年を取っていくということは免《まぬが》れないわけです

から、これは天人といえども老死は避けられない。そしてたびたび眼が眩《かす》んでくる。これが四番目の「両眼数胸《さくさくくるめく》」です。これは肉体の衰えです。いくら天上界に上った者といっても、体の衰えはいかんともし難い。

そして最後は「不楽本居《ふらくほんきょ》」ということですが、つまり自分の今の在り方が喜べない、自分の今あるところが楽しめない。不楽本居ということをこの頃の言葉で言えば「退屈」ということです。生活していくのに何も困ることはない、全部満たされている。結構な身分なのですけど、退屈だけは免れない。

退屈が年寄りを殺す

退屈という言葉を昔の言葉では、「所在がない」と言いましたが、まさにそれなのです。実はこの所在がないということほど、辛いことはないのでしょう。人間にとって所在がないということは、私がここに生きていることが周りと何の関係もないということなのです。

私の父が死にました時に、母の姉が東京からずっと、手伝いに来てくれておりました。そして中陰が済みまして、いよいよその伯母が帰る時に、私に「年寄り殺そうと思ったら、なんにもさせんこっちゃ」という一言を言い残して帰って行きました。

私は何を言われたのか分かりませんでしたが、しかし後になってだんだんと分かってきました。こちら側はのこされた母親を労《いたわ》るといいますか、大事にするつもりで「そんなことは心配せんでええ。わしらが全部ちゃんとやる。そんなことに手出しして、腰痛められたら余計困るから、もうそういうことには、手出さんで好きなテレビでも見とってくれ」と言う。

しかし伯母の言葉はそういうことを見通して「そうなったら、年寄りはもう死ぬ他なくなる。だから二度手間になってもいい。余計煩《わずら》わしいということがあっても、やっぱり何かさせてやってほしい」という思いからの一言だったのでしょうね。

つまり不楽本居とは、何にもすることがないのです。しなければならないことがない。だから所在がない。生きていく上では何も心配がないのですけれども、生きていく意欲も気力もなくなるのです。

たとえばスウェーデンは福祉国家として、年を取ってからの生活保障が非常に完備され、お年寄りには一番恵まれた国なのですが、そのスウェーデンはお年寄りの方の自殺が世界で第一位なのです。

これはやはり、何にも生活上の心配がないということは、何にもすることがないということなのでしょう。そして何にもすることがないということほど、人間にとって辛いことはないのです。

人間は所在、つまりそこに私がいるという意味を求める存在なのです。私が今ここに生きているということに意味が与えられてくる、そういう関わりが開かれている時に「所在」と言えるのでしょう。

私たち人間は、「あれも欲しい」「これもしたい」と自分の欲望の満足を一生懸命追いかけているのですけれど、しかし一番根っこには、そういう「所在」を求めるといういのちの願いがあるのです。

所在が与えられない時や所在を見《み》いだせない時、私たちは生きている意味を失うのです。生きている意味を失う時、私たちは生きている喜びも張り合いも何も持てずに、ただ日々が過ぎていくということに終わってしまうのです。

つまり、私たちの中に、思いの満足よりももっと深く、実《じっ》は私のいのちの願いというものがあるのです。そのいのちの願いを「情願」という言葉で曇鸞大師はおさえてくださっているのです。

結局、その情願を満足させるということが、つまり生き甲斐、生きていることの喜びを賜るということなのです。日常の生活の中で、自分がそういう所在を求めるなんてことは思いもしないのです。もっと具体的な「あれが欲しい」「これがしたい」「こうなれば」「ああなれば」という思いが、常に私を動かしているわけですけれど、しかしその根っこには、人間としてのいのちの願いがある。そのいのちの願いというものを、私たちが本当に求め、尋ねていく。そういう所にこの「後生の一大事」という問題がおさえられてくるわけです。

生きている意味に頷く

この「後生の一大事」とは、結局、今私がここに生きていることの意味が本当にはっきりと頷けることなのでしょう。その時、初めて私たちはいかなる状況になろうと生きていけるという力を賜る。そういうことを「所求」と「情願」という言葉で曇鸞大師が教えてくださっております。

私たちの心がそういう二重底になっている。そのことに普段は気がつかない。いつも「所求」のところで右往左往している。そういったことが私たちの日常といっていいかと思うのですが、そういう事実を通して、改めて「後生の一大事」という言葉で教えられていることが問われてくるのです。

先程も触れましたように、私たちは自分の思いというものを自分自身として、自分の思いにぴったりくる世界を求め、思いのままに生きることを一つの夢として生きているということがあるかと思います。

かつて、大学の学科の研究旅行で、みんなで外国旅行をすることに決まり、そのためにいろんな取り決めを話し合ったのですが、その後、一人の学生が「僕はそういうことをすることが納得いかんから参加しません」と言ってきたのです。

その時に、大変意地悪でしたけれど、「君は本当に納得できないことはしないのか」と聞きましたら、「絶対にしたくない」とえらく言い張るのです。その時に、「それじゃあ、君は死なななきゃならんな」とこう言いましたら、なんでという顔をしてキョトンとしていましたので、「だって君は納得して生まれてきたのですか」と聞きましたら、ちょっと困っているのですね。「おまけに君は日本人で、男として寺に生まれてきたこと全部を納得してきたのですか」と聞いたら黙ってしまいましたね。

私という存在を根っこのところで具体的なものにしているいろんな条件、それは全部私の思いよりももっと深いところで決まっているのです。

ですから気がついたら日本人だったし、気がついたら男であったし、さらに気がついたら寺に生まれていたということです。ましてや生まれる時に、お前が生まれるのは日本という国であり、そして寺であり、お前の両親はこういう両親だと教えてもらった覚えはありませんね。

芥川龍之介という作家がおりましたが、この方の作品に『河童』という小説があるのですが、その中に河童のお産風景が出てくるのです。

いよいよ河童の赤ちゃんが生まれるという時に、お父さんがお腹の赤ちゃんに、聞くのだそうです。

「お前はこの世界へ生まれてくるかどうか、よく考えた上で返事をしろ」

と大きな声で尋ねるのです。

すると、お腹の赤ちゃんは多少気兼ねでもしているとみえ、こう小声で返事をします。

「僕は生まれたくはありません。……」

そういう風景が描かれてあります。

その当時よく使われました言葉に「生まれざりせば」というのがありました。もし生まれてさえいなかったらこんな思いをせずに済んだのにという意味の「生まれざりせば」です。それがいろんな人によって使われていた時代ですが、芥川龍之介もいろいろな病気の不安をかかえていましたから、特にそういう思いが強かったのでしょう。ですからそういう描写をして、もし聞いてさえもらえたならば、生まれてこなかったのにという嘆きをぶちまけたのではないかなと感じるわけです。

現実には、そのように聞いてもらうなどということはまったくありませんし、生まれてきたら「私がお母さんよ」と告げられるわけです。

全くの自分自身を生きたか

その現実というものは、思いを超え、思いをもってしてはどうしようもない深さをもった事実となって、私を動かしてくるということがあります。

つまり、この人生は、私が、私の思いで作った人生ではないのですから、その人生を自分の思いで思いのままに生きてゆこうとする時には、その思いが行き詰まるという状況につきあたるということは免れないし、決してなりたくないような状態にもいろんな形で直面するということが必ず起こるのです。その度に私たちはその思いのところで絶望するわけです。

次の文章は折笠《おりかさ》美《び》秋《しゅう》という方の『死出の衣は』という書物から引用したものです。

> 私は何故私なのか。私は何故私以外の私ではないのか。考えても答えの無い事を考える。私は十八世紀に生まれなかったし、アフリカにも生まれなかった。羊飼いの子ではなかったし、羊の子でもなかった。
>
> 今、ここに仰臥《ぎょうが》して、仰臥している私は何故私なのかと考えている。その私以外に私は無い。さすれば、空しく何故私は私なのかを問い巡らすよりも、私は私以外の何者でもなく生き得たかが、肝要であろう。
>
> 私は、折笠美秋は、全くの私、全くの折笠美秋であったか。仮面無し借り着無しの全くの自分自身を生き得たか。これは苦しい問いだ。（『死出の衣は』五一頁）

これだけの文章ですが、これがまた大変な努力をもって書かれた文章なのです。

この折笠美秋という方は、筋萎《きんい》縮《しゅく》性《せい》側《そく》索《さく》硬《こう》化《か》症《しょう》という病気になられたのですが、外国資本の会社でバリバリ仕事をされていた頃、ある時、歩いていてつまずくという病気の最初の兆候が始まり、それから思うように歩けなくなり、ペンを握ることもできなくなったのです。

つまり私たちのあらゆる生命の営み、つまり食べること、飲み込むこと、息をすること、排泄することすべてはこれ筋肉の働きですが、その筋肉が全部動かなくなるわけですから、あらゆる行動が全部奪い取られていくわけです。

そして最後には瞼《まぶた》も上げられなくなり、言葉を発することもできず、すべて機械の力によってただそこに横たわっているだけという状態になってしまう病気なのです。そして、何の意思表現もできないけれども、頭だけは最後まで明晰だという大変辛い病気なのです。

この文章は、まだ瞼《まぶた》が動く頃に、この方の奥さんが考えて作られた文字板で綴られたものなのです。つまり、上の段に、横に、「あ」「か」「さ」「た」「な」……と書き、「あ」の字の下に縦に、「い」「う」「え」「お」と書く。「か」の字の下に、「き」「く」

「け」「こ」と書く。そういう文字板で、奥さんがまず横に「あ」「か」「さ」……と一字一字指さしていかれる。それを眼で追って、折笠さんは、「か」なら「か」の行でまぶたをパチパチされる。すると、奥さんは「か」行を、「き」「く」「け」と縦に一字一字指していかれる。そして折笠さんが「け」のところで眼をパチパチされると、「け」の字を抜き書きされる。そのようにして一字一字抜き出して、それをまた漢字に写しかえて作られたのがこの文章なのです。ただ読んでみると、ほんの少しの時間で書いた文章かと思いますが、大変な努力で夫婦が力を合わせて書かれたものなのです。

折笠さんは俳句をある意味で命の拠り所として生きぬかれたのですが、たとえばこういう句があります。

薄命や　「肉体即物質」は　涙噴《ふ》けり

「薄命や」というのですから眠れぬ夜を過ごされたのでしょうね。そして括弧《かっこ》して「肉体即物質」と書いてあります。

つまり、世間にはそうやってただ横たわっているだけの人は、肉体がそこにあるだけで、そんなものはもう物だという見方をする人がおりますが、そういった人から見ればただの物質でしかない、この私の内から、「涙噴けり」というのですから、そこには、俺は人間だぞという叫び、生きているぞという叫びが込められてあるかと思うのです。

そういう「『肉体即物質』は　涙噴けり」という非常に強い表現をそこにされております。

もう一句紹介しますと、

微笑《ほほえみ》は　妻の慟哭《どうこく》　雪しんしん

奥さんが病室に入ってくる時は常に微笑みながら入ってこられるけれども、その影には、一人湯沸し場で泣きはらしておられることをちゃんと知っておられるわけですね。ですから「微笑は　妻の慟哭　雪しんしん」と。そういう非常に心に染みるような俳句がたくさん残されておりますが、そういう病気と闘いながら、こういう文章を残しておられるのです。

仮面なしの生きかた

前の文章に戻りますが、「ここに仰臥している私」というのは、文字通りもう身動きもならず、ただベットに仰向けに寝ているだけという状態の自分をおさえておられるわけです。

ですから、なんで私がこの私でなくてはならんのかという、普通にいえば嘆きですが、私たちにおいてもそれぞれみんな、なんでこんな私だったのだろうと、私もあのような人でありたかったというそういう思いをもつことがありますが、この折笠さんの場合は、もっと厳しい状況で私は何故私なのかと問うておられます。

この私の他に私は無い。そこに「考えても答えのないことを考える」と書いておられますが、現実にあるのはただベッドの上に仰向けに寝て、そしてこうして「仰臥している私は何故私なのかと考えている」そういう自分しかいないのだと。そうであるならば、「私は私以外の何者でもなく生き得たか」と。どう考えてみても、どう嘆いてみても、この私以外の私であり得ないのなら、この私をどこまで生き得たのか、そこに「仮面無し借り着無し」とこう書いておられます。

たとえば、神戸で小学生が殺害される非常にショッキングな事件が起きましたが、あの後、子どもたちからいろいろな投書がマスコミに寄せられ、その投書のほとんどが自分たちが今どういう思いで生きているかということを訴える文章だったそうです。

その投書の中には、たとえば親の愛情といっても決して無条件ではなく、親のメガネにかなうことをしている時は愛してくれるけれども、親の期待を裏切ると親は切り捨ててしまう。だから自分は親の気に入るように仮面をかぶる。そして学校では先生の気に入るような仮面、道を歩いている時は近所の人が褒《ほ》めるような仮面、家へ帰ったら親が喜ぶような仮面、一日中仮面をつけて、夜寝る時に顔が痛いという文章を書いた少女もいたそうです。

子どもたちの場合はそういう周りの要求に対し、私が私のままであることが許されないという必死の思いで、仮面をつけて演技しているということが訴えられているわけです。

私たちの場合はそうではなくて、自分の身を守るためにいろんな仮面をつけたり借り着を着たりということをしています。

それに対して折笠さんは、この「私以外に私は無い」のだという自覚に立って、この私を如何に生きたかということを「仮面無し借り着無し」という言葉で表現されているのです。

つまり、そこにはそういう病状、病気という状況は決して自分の思いで選んだことではなく、納得してなったわけではないのですが、その納得できないことが、私がどんな思いを振り回してみても変わることのない私のいのちの事実として私を決めてきているわけです。

そこからその事実を受け止めて、この折笠さんのように「仮面無し借り着無し」に生きよう、この自分のありのままを生きようとする。私の選んだことではないけれども、その事実のほかに私のいのちの事実はないと、はっきり引き受けてゆく勇気、これが実は仏教で言います宿業観《しゆくごうかん》ということなのです。

事実を引き受けて立ち上がる

宿業ということは、前から決まっていて仕方がないことだとあきらめることでは決してありません。そうではなくて、この私の思い、私の選びを超えて、私のいのちの事実として与えられてあることを、まさしく私のいのちの事実として責任をもち、その事実を引き受けて立ち上がり、生きていこうとする勇気を宿業観と教えられているわけです。

私たちがその勇気を持てない時に口に出てくるのは愚痴ですね。愚痴というのは弱さなのでしょう。私がいくら愚痴を言ってみても変わることのない私の事実を事実として引き受けられない弱さ、それが愚痴ということだと思います。それに対して、仏教の智慧というのは、事実を事実として引き受けてゆく勇気を表すわけです。ですから仏教では智慧、その覚りの智慧を「無生法忍」と忍ぶという字で説かれております。四十八願の一番最後が「得三法忍の願」と言われております。

そういう忍を得るということ、その忍とは文字通り耐え忍ぶ勇気です。事実を事実として耐え忍んでいく勇気、それを忍という字で表し、それが仏教の開いてくる智慧なのだということです。

仏教によって賜る智慧は決して、あれもこれも何でも分かっているということではなく、事実を生きていける智慧、勇気なのです。どこまでも事実を事実として受け止めて生きてゆける、そういう勇気を、仏教では智慧という言葉で表しているわけですが、私たちの場合、そういう思いが思い通りにならなくて行き詰まり、折笠さんのような病気になれば絶望的な気持ちになるのでしょう。

このような病気はめったにならない病気だと思っておりましたら、私の周りにも案外たくさんおられるのです。新潟では私の知り合いの方がこの病気で亡くなられました。また、四国でずっと続けられている会があるのですが、そこに来てくださっていたご住職の中のお一人もその病気だということを聞きました。

つい先日、その方のお寺で学習会があったのですが、一応処置は済んでこれ以上施すべき治療がないということで、病院からお寺に帰されておられました。

一つの部屋で寝ておられまして、ゴットンゴットンと家中に響くようなものすごい音のする人工呼吸器を付けて呼吸をされていました。お話しすることはできなかったわけですが、ただ握り締めるような力はまだすこし残っていまして、奥さんが支えますと大きな紙に書かれるわけです。

大変辛い思いをしておられると思うのですけども、奥さんは非常に明るい方で、毎日字を書く練習や動かす練習をしてあげておられる。「あなたを愛してるよ」と書いてくれるのですよと言われるのですけど、後で、私が書かせているのかなというようなことを笑いながら言ったりなさって、非常にそういう点で、こちらが助かるような奥さんです。

そのお寺に近所の子どもたちが来て、本人たちはご住職を見舞っているのでしょうが、見舞いというより周りで遊んでいるだけなのですが、その子どもが「おじちゃん、なんもでけへんのやなあ」と言ったというのですね。

するると書く動作をされたので奥さんが腕を支えますと、「でも耐えることはできるよ」と書かれたというのです。そういう何もできない、だけど耐えることやその事実を受け止めていくことはできるよと、そういうことを書かれたということを聞きました。

その方はそういう事実を受け止めて生きていこうとしておられるわけですが、やはり普段私たちは自分の思いが行き詰まった時、非常に辛いですね。もし一人ぼっちでいるならば、決してそういう行き詰まりということに耐えられない。人間一人ぼっちでいる時には、自分の思いが行き詰まるような生活、そういう現実に立たされた時には絶望しかないのでしょう。

絶望して投げ出してしまうのが私たちの姿だと思うのですけれども、ただ一つそこに、それこそ計らずも、たとえば同じ病気を受け止めながら生きている人がいる、その事実に触れた時に大きな勇気を賜るということがあるかと思います。

心に開明を得る

自分一人が何でこんな目に遭わなきゃならんのか、なんでこんな人生であるのかとそれこそ愚痴しか出ないことが絶えずあるわけです。

『無量寿経』には、

心塞《しんふさ》がり意《こころ》閉《と》じる　（真宗聖典、六一頁）

という言葉が繰り返しあげられています。そういう現実において、自分の心を閉ざしてしまったら、もう絶望しかないのです。

まだ「いじめ」ということが大きな社会問題になる以前に、東京のある中学校で、いじめによって一人の中学生が自ら首を括って学校で自殺したという事件がありました。

そのクラスには何でも思ったことを書いていい雑記帳が置いてあったそうですが、

その子どもは死ぬ直前、そこに「一人でいい、一人でいいから本当の友達が欲しかった。ではサヨウナラ」と書いて、命を絶ってしまったと紹介されておりました。

もし一人でも本当に話ができる友達を持っていたら、きっとその子は命を投げ出さずに済んだのではないかと思います。一人でも本当に信ずる友がいるという時には、やはり根っこに人間を信ずる心が与えられるということがあるはずなのです。悲しいかな、その子はそういう友達が一人も持てなかったのです。

「心塞意閉」――心を閉じた時にはもう絶望しかないのです。そこではもう自分から命を絶つということしかできなかったのでしょう。ある意味で仏法をいくら聞いても、この世を人間として生きてゆくかぎり、何の問題もなくなるなんてことはあり得ないのです。

しかし、その苦しみの中で『無量寿経』には、

心開明《こころかいみよう》することを得《え》つ。（真宗聖典、六四頁）

と、心が開かれることを「心得開明《しんとくかいみよう》」を賜ると説かれております。つまり仏法はそ

ういう、心がおのずと開かれるような、それこそ善き人々の世界を私たちに伝えてくださるのです。

誰も理解してくれない、そういう思いに閉ざされている私たちに、「ここにこういう問題を担いながら、人間として一生懸命歩んでいる人がいるよ」と、私に先立って一歩一歩生きていかれた善き人々の歴史に出遇わせてくださるのが、仏法の世界なのです。

親鸞聖人においては、それは七高僧に代表される善き人々の歴史でした。そういう人々の歴史に出遇う時に、私たちははじめて自分のいのちの事実というものを、本当に受け止めていくことができるのではないかと思うのです。

絶望以上の現実を知る

私もこの歳になるまでには、いろいろな問題が次から次へと起こり、本当に行き詰まりを感じたことがありましたが、その時に、私の先生がお話しなさっていた「絶望以上の現実があるんだ」という言葉に出遇いました。

「お前は現実に絶望したと思っているけれど、お前の絶望以上の現実というものがあるんだ」というのです。

私たちは現実に絶望し、絶望以外の何ものもなくなると思うのですが、「この人生、お前さんが絶望しようとしまいと変わることなく動いていく現実があるんだ。その現実というものにしっかり立って生きた人がたくさんいるんだ」とその歩みをいろいろと教えてくださいました。

また、私にとってその人との出遇いが、非常に忘れられないこととして心に残っており、よくお話しすることがあるのですが、ちょうど、京都のご本山でいろいろな問題が起こりまして、全国の門信徒の方々も共に京都に集まって問題に取り組んだ時がありました。

私などもご本山の山門の前に座り込み、道を歩いている人々から「坊主のくせに何をしている」と唾を吐きかけられたこともありました。また、その頃は京都で衣を着てタクシーに乗りますと「オッサン何宗だ」と聞かれ、「真宗だ」と答えると、「真宗か」とそれから必ず説教がはじまるのです。

ある寒い日、ご門徒の一人が亡くなり、枕経に参りまして、終バスの時刻が近かったので、バス停まで急いで行きましたら、バス停の椅子に缶ビールをチョビチョビ飲みながら、近づいていく私をチラチラ見ている壮年の人がいるのです。

こらまた何か言われるなと思って恐る恐る近づいて行きましたら、案の定「オッサン、何宗や」とこう聞かれたのですね。そらはじまったと思いまして、それでも「真宗大谷派」と言いましたら、しばらく黙って「真宗ちゅうのは親鸞か」と言われるのです。「そうです」と言いましたら、「親鸞ちゅうのは凄いな」とおっしゃるのです。「あれっ」と思いました。それからこっちは終バスは気になるし、お腹は減ってくるし、寒いし、早く帰りたかったのですが、その人はもうちょっと話を聞いてくれと私の衣の袂を握って離してくださらなかったのです。

その方の話によりますと壊疽《えそ》という足の指から腐っていく病気で、その度に切断しなければならないと言われ、それで何回も入退院を繰り返しているうちに、会社はクビになり、奥さんはどこかに行ってしまわれたそうなのです。嫁にいっている娘の居場所だけは判っているけれど、とてもじゃないが顔を出せない。

それで「俺はもう絶望だ」と、何度も死のうと思って京都の町をうろついたが、なかなか死ねない。ある時やっぱりうろついていた時、人がゾロゾロ入って行く所があって、わけも分からずともかくくっついて中に入ったら、それが親鸞の話を聞く会だった。

話はチンプンカンプンで何も分からなかったけれども、何か惹かれるものがあって、それから看板が出るたびに行った。そしてただ一つ分かったことは、人間が絶望するってことはこんなチャチなことじゃないということだった、そういうことをとつとつと聞かせてくださいました。

つまり、その方は人生に絶望したと思い詰めておられたわけですが、「人間が絶望するというのはこんなチャチなことじゃないということだけは、親鸞さんによって教えられた。だから俺はもう一度、親鸞さんの目で生き直してみようと思っている」ということを一生懸命に話してくださったのです。

どういうところにそういうことを感じられたのかは分かりませんが、もう絶望だという思いの行き詰まりの中で、たまたま親鸞という人の生きぬかれた姿、そういうものに触れた時に、何か人間が人生に絶望するということは、こんなチャチなことじゃないと感ずるようなものを、親鸞聖人の生涯に聞きとられたのでしょう。

何かそういう行き詰まりの体験、その行き詰まりの中で、実は初めて私たちの思いを超えたいのちの事実に出遇うということがあるわけです。また、そういういのちの事実に目覚め、いのちの事実に生きている人にはじめて頷くということがあるのです。「後生」というのは、結局そういう思いの行き詰まりの中で、文字通り「我がいのち」を生きていた私たちが、「もとのいのち、もとの阿弥陀のいのちに帰せよ」とはじめて呼び返される。そういうところに「後生の一大事」を尋ねるという意味がおさえられるかと思います。

恵信尼公の手紙

親鸞聖人が亡くなったということを奥さまの恵信尼公《えしんにこう》は、その時ずっと側《そば》にいた娘さんからお手紙で知らされたわけです。

昨年《こぞ》の十二月一日の御文、同二十日《どうはつか》あまりに、たしかに見《み》候いぬ。何《なに》よりも、殿の御往生《おうじょう》、中々、はじめて申すにおよばず候う。山《やま》を出《い》でて、六角堂《ろっかくどう》に百日こもらせ給いて、後世《ごせ》を祈らせ給いけるに、九十五日のあか月、聖徳太子《しょうとくたいし》の文《もん》をむすびて、示現《じげん》にあずからせ給いて候いければ、やがてそのあか月、出でさせ給いて、後世《ごせ》の助からんずる縁《えん》にあいまいらせんと、たずねまいらせて、法然《ほうねん》上人にあいまいらせて、又、六角堂に百日こもらせ給いて候いけるように、又、百か日、降《ふ》るにも照《て》るにも、いかなる大《だい》事にも、参りてありしに、ただ、後世《ごせ》の事は、善《よ》き人にも悪しきにも、同じように、生死《しょうじ》出《い》ずべきみちをば、ただ一筋《ひとすじ》に仰《おお》せられ候いしをうけ給わりさだめて候いしかば、上人《しょうにん》のわたらせ給わんところには、人はいかにも申せ、たとい悪道《あくどう》にわたらせ給うべしと申すとも、世《せ》々生《せしょう》々にも迷いければこそありけめ、とまで思いまいらする身《み》なればと、ようように人の申し候いし時も仰《おお》せ候いしなり。（『恵信尼消息』真宗聖典、六一六～六一七頁）

つまり、十一月二十八日に亡くなって、一日《ついたち》の日に娘さんの覚信尼公がお母さまにその旨《むね》を手紙で書き送られたのでしょう。

同二十日《はつか》あまりに、たしかに見《み》候いぬ。

京都から越後まで、それだけの日数をかけて手紙が届いたわけですが、

何《なに》よりも、殿の御往生《おうじょう》、中々、はじめて申すにおよばず候う。

と、恵信尼公は書いておられるのです。「中々」というのは、「とても」「とうてい」ということです。今更に申し上げることもないとそれだけ書いてあるのですね。嘆きの言葉も、悲しみの言葉も、何もありません。「中々、はじめて申すにおよばず候う」。そして、そこからすぐに親鸞聖人のご生涯というものを恵信尼公は振り返っておられる。

山《やま》を出でて、六角堂《ろっかくどう》に百日こもらせ給いて、

　これは二十九歳の時です。親鸞聖人二十九歳の時に、山《やま》を出でて、六角堂《ろっかくどう》に百日こもらせ給いけるに、九十五日のあか月、聖徳太子《しょうとくたいし》の文《もん》をむすびて、示現《じげん》にあずからせ給いて候いければ「示現」と書かれてあります。これは夢告ですね。ただ夢のお告げと言いましても、寝ころんでいて急に天の彼方から声が聞こえてきたということではありません。百日の間、六角堂に籠って一つのことをずっと問い続けていかれた、その果てに夢告を聞きとられたのです。言い換えれば、そのように心に声を感じ取るまで問い続けていかれたということです。

生死出ずべきみち

　聖徳太子《しょうとくたいし》の文《もん》をむすびて、示現《じげん》にあずからせ給いて候いければ、やがてそのあか月、出でさせ給いて、後世《ごせ》の助からんずる縁《えん》にあいまいらせんと、たずねまいらせて、法然《ほうねん》上人にあいまいらせて、又、六角堂に百日こもらせ給いて候いける

ように、又、百か日、降《ふ》るにも照《て》るにも、いかなる大《だい》事にも、参りてありしに、

親鸞聖人は百日籠って示現にあずかり、それで法然上人のもとへ行かれたのかと思いますと、まだ問いをもちつづけておられるのですね。それからまた新しく百か日、通いつめて法然上人の教えを聞き直していかれた。

ただ、後世《ごせ》の事は、善《よ》き人にも悪しきにも、同じように、生《しょう》死出《じい》ずべきみちをば、ただ一筋《ひとすじ》に仰《おお》せられ候いしをうけ給わりさだめて候いしかば、

そこに、初めて親鸞聖人が、法然上人のお心に出遇われたのでしょう。そして法然上人の願いというものに頷かれた。周りでは法然上人にだまされるな、法然上人の言葉を信じたら地獄に落ちるかもしれんぞと言う人がいる。それに対して、

上人《しょうにん》のわたらせ給わんところには、人はいかにも申せ、たとい悪道《あくどう》にわたらせ給うべしと申すとも、世々《せせ》生々《しょうじょう》にも迷いければこそありけめ、

それは、自分自身が世々生々に迷いを重ねてきた者として、地獄一定、地獄こそは私の本来のすみかであると思い定めておられる。

とまで思いまいらする身《み》なればと、ようように人の申し候いし時も仰《おお》せ候いしなり。

いろいろと周りから言われた時にも、親鸞聖人は、そういう言葉に惑わされることなく、法然上人と歩みを共にされたと書かれている。

つまり、親鸞聖人がどういう歩みをされたのか。ただ亡き人・親鸞を偲ぶということで、個人的に思い出を楽しむ、偲ぶということではなくて、親鸞聖人がどういう願いを持ってどういう歩みをされたのかを尋ねて恵信尼公は過ごされたわけです。

ただ、そこに「生死出ずべきみち」という言葉が出ておりますが、後世を尋ねるということは、言葉を移しますと、この生死出ずべきみちを尋ねるということと一つです。「後生の一大事」ということも、生死出ずべき道を尋ねるということに他ならないわけです。

生死のとらわれを離れる

生死出ずべきみちとは何かというと、その生死のとらわれから離れるということです。私たちは生にとらわれ、死を恐れて、そこに常にいろんな不安をもち、迷いを重ね、そのためにいろんな言葉に迷わされて、お札《ふだ》を受けたり、なんだかんだといろいろするわけです。

そういう迷いの根っこにあるものは生死にとらわれる心なのです。生死を離れるとは、生と死を二つに見分けて、生に執着し、死を恐れるという心を離れるということなのです。

ただ自分の思いの満足だけでは決して生き切れないことや行き詰まりを感じた時に、少なくとも老いとか死という事実にぶち当たるわけで、その時にこの生死するいのちの事実を受け止めて、しかも、どのように生きるのかというそのような道を尋ねること、それが親鸞聖人の歩みであり、それを親鸞聖人はこの「本願を信じ念仏申す」というその一点に頷いていかれたのです。

その「本願を信じ念仏申す」というところに、限りない善き友・善き師を賜る。そして、その善き師、善き友と共に促され守られて生きるということが初めて始まるのだということを、恵信尼公はこの「生死出ずべきみちをば」という言葉でおさえられたのです。

「後生の一大事」という大変なテーマを頂きまして、本当にお粗末なことしか申し上げられなかったのですが、しかし何かそこに「後生の一大事」ということを尋ねるということは、私たちがこの生活の中でどれだけ行き詰まりを体験しようとも、そのすべてを受け止めながら生きていける道がある。そういう道をどうか尋ねて欲しいという願いを「後生の一大事」という言葉として、蓮如上人が私たちに促し続けてくださった。そして、それを先にご紹介しましたように、「あなたはいつ死ぬかもしれないよ、今のままで死ねますか」という問いかけの言葉として聞きとっていかれた。本当に死にきれるほどに、生きる道を尋ねて欲しい、そういう呼びかけとして聞いてくださった、そのこと一つをお伝えしたかったのです。

あとがき

昨年八月二十七、二十八日の両日、九州大谷短期大学名誉教授宮城顗氏を講師にお迎えし、道南地区教化委員会、別院共催によるご命日の集い公開講座、地区門徒研修会が、別院、本町支院別院教化センターを会場に開催されました。

「後生の一大事」と題しての講話に、一同感銘深く聴聞させていただいたことであります。

情報の氾濫の中、さまざまな価値観が交差している時代社会に生きている私達であり、その心情は、常に新しいものを希求してやまない相《すがた》ともいえましょう。しかし、それが人間の求める心安らかな境地に直結しないところに現代人の苦悩があります。

文明の恩恵と、それにともなう不安、時代は刻々と変化し続けている。古くして新しい視座、言いかえれば、時は変わっても私たちが心の奥底に留めおかなければならない願いを後生の一大事と教えてくれてはいないでしょうか。

宗祖親鸞聖人は、教行信証総序の文に「弘誓の強縁《ごうえん》、他生《たしょう》にも値《もうあ》いがたく、真実の浄信、億劫《おっこう》にも獲《え》がたし。たまたま行信を獲《え》ば、遠く宿縁を慶《よろこ》べ」と申しておられます。

後生の一大事の意味するところを、宮城先生は、日々の日常生活の中、「始めて私は自分の人生の全体を振り返る眼が与えられ、そして、自分の人生を問い直す、そういう心が呼び覚まされてくる」と教えて下さいました。

自己内観というと何か特別な思いをいだきますが、生活の出来事、感じたことが既に機縁となって私たちに問いかけております。「宿世に諸仏を見たてまつれば、楽《この》んでかくのごときの教えを聴かん」（仏説無量寿経巻下「東方偈」より）とありますように、宿縁とさまざまな出遇いを諸仏とよろこんでいける世界が開け、「本願を信じ念仏申す」身とさせていただくのであります。

本町支院別院教化センターのホールは、願いをもって楽《ぎょう》聴《ちょう》殿《でん》と名付けられております。

意義のある人生を深く生きる。そのこころを、宮城先生は実にわかりやすい言葉をもってお話し下さいました。厚く御礼を申し上げます。

本書は、別院議員、法蔵館の協力によって上梓することができました。ここに改めて先生のご講話を法味させていただくご縁をよろこばしく思います。

平成十六年八月二十七日

真宗大谷派　函館別院

輪番　平等明信

宮城　顗（みやぎ　しずか）

1931年，京都市に生まれる。大谷大学文学部卒業。大谷専修学院講師，教学研究所所員，真宗教学研究所所長を歴任。真宗大谷派本福寺前住職。九州大谷短期大学名誉教授。2008年11月逝去。77歳。
著書　『真の仏弟子』『地獄と極楽』『宗祖聖人親鸞 生涯とその教え』（上・下）『正信念仏偈講義』（全5巻）『死からの問いかけ』『親鸞思想の普遍性』など。

後生の一大事

二〇〇四年一〇月二〇日　初版第一刷発行
二〇一九年 三 月二〇日　初版第五刷発行

著　者　宮城　顗
発行者　西村明高
発行所　株式会社　法藏館
京都市下京区正面通烏丸東入
郵便番号　六〇〇-八一五三
電話　〇七五-三四三-〇〇三〇（編集）
〇七五-三四三-五六五六（営業）

印刷　三星社　製本　清水製本

ISBN978-4-8318-8697-2 C0015